NOTICE NÉCROLOGIQUE

SUR

SOUDAN

PAR

M. LE DR AULAGNIER,

Médecin en chef de l'Ecole Polytechnique,

ancien Médecin de l'hôpital militaire du Gros-Caillou, etc

NOTICE NÉCROLOGIQUE

SUR

SOUDAN

PAR

M. LE DR AULAGNIER,

Médecin en chef de l'Ecole Polytechnique,
ancien Médecin de l'hôpital militaire du Gros-Caillou, etc.

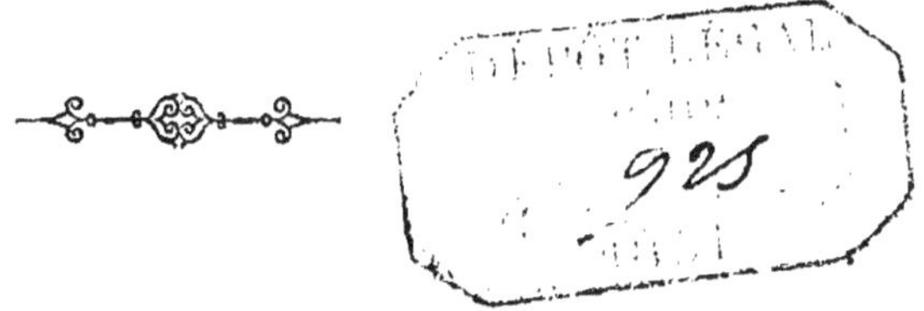

1851

NOTICE NÉCROLOGIQUE

SUR

SOUDAN.

Le temps, qui n'épargne rien, ravit chaque jour à notre affection des parents, des amis, des camarades qui tous nous étaient également chers ! Le cœur se serre, l'ame s'affaisse à ces coups redoublés du sort ; mais, par une grâce toute divine, la raison reprend insensiblement son empire, et nous reconnaissons dans le sujet de notre affliction l'effet de cette loi immuable de la nature, devant laquelle chacun de nous doit s'incliner. Cependant nos regrets n'en sont pas moins vifs et profonds, surtout lorsqu'une mort prématurée prive la société et la science d'un de ces hommes utiles qui devaient honorer l'une et l'autre par leurs talents et par un nom justement estimé.

L'année 1849 est une de celles qui ont laissé de plus grands vides dans le corps des officiers de santé militaires, qu'ils soient dus à l'influence meurtrière du redoutable fléau qui a sévi avec tant de violence, ou qu'ils aient été le résultat d'autres causes moins terribles quoique non moins fatales. Des hommes d'élite, des médecins consommés, de jeunes savants ont soudainement disparu de nos rangs pour ne laisser à nos regrets que d'impérissables souvenirs. Vous vivrez dans la mémoire de vos collègues et de vos amis, chers collaborateurs !... vous Poulain (1), Gœdorp (2), mes vieux camarades, vous Hennequin (3), Denis (4), Jacquot (Félix) (5), Julia (6), Bara-Lévi (7), vous tous, praticiens habiles, dont la science déjà expérimentée dirigeait les efforts des jeunes et courageux collègues, tombés en si grand nombre, comme leurs maîtres, sur le champ de bataille des médecins, victimes d'un fléau destructeur!... Vous nous êtes ravis à la fleur de l'âge, alors que votre expérience contribuait d'une manière si utile à la conservation de la santé du soldat, du soldat que nous aimons tous, et auquel, dans une vie de dévouement et de labeur, souvent ignorée ou méconnue, soldats comme lui, vous étiez si heureux de consacrer votre existence !

D'autres, mieux informés de la grandeur de vos services, en rediront sans doute les détails ; je ne connais, moi, que vos éminentes qualités, et je n'ai pas cru devoir vous refuser ce faible hommage, en venant jeter quelques fleurs sur la tombe de l'un de nos plus regrettables

(1) Chirurgien principal à Oran.
(2) Médecin ordinaire à Oran.
(3) Chirurgien-major à Oran.
(4) Chirurgien-major à Tenez.
(5) Médecin adjoint à Arzew.
(6) Médecin adjoint.
(7) Chirurgien aide-major.

collègues, de celui avec lequel j'ai longtemps partagé la direction de l'hôpital dont il était encore, au moment de sa mort, le chirurgien en chef.

Si je n'ai pas laissé ce soin à de plus dignes, c'était autant pour céder au désir de sa famille, que pour acquitter la dette de l'amitié, en rappelant à de jeunes enfants, trop tôt privés de leur plus ferme soutien, qu'ils devront honorer la mémoire d'un père qui fut lui-même si bon fils, et en faisant comprendre surtout à celui d'entre eux qui paraît destiné à soutenir son nom, que ce n'est que par de constants efforts pour acquérir la science qu'il pourra se placer un jour, comme lui, au nombre des chefs les plus éminents du service de santé militaire.

Soudan (Elicio-Numa), docteur en médecine de la Faculté de Paris, chirurgien principal de première classe, chirurgien en chef de l'hôpital militaire du Gros-Caillou, ancien chirurgien en chef de l'armée d'Afrique , officier de l'ordre national de la Légion-d'Honneur , etc. , etc. , est né le 20 décembre 1796 , à l'arsenal des poudres et salpêtres de Paris , auquel son père était attaché comme vérificateur de la comptabilité.

Il avait fait de fortes études classiques dans l'institution *Lepître*, l'une des plus recommandables de la capitale, et il a conservé, durant sa vie, l'ardent désir, qui ne l'abandonna jamais, d'ajouter chaque jour de nouvelles connaissances à celles qu'il possédait déjà. Latiniste et helléniste fort distingué, il faisait son occupation favorite, dans les loisirs que pouvait lui laisser l'exercice de sa profession , des auteurs anciens les plus estimés. Doué d'une excellente mémoire, il aimait à en citer des passages dont il faisait souvent une heureuse application. Il en était de même de nos grands poètes français , qu'il savait presque tous par cœur. Cette érudition non-seulement le charmait, mais elle devait être souvent pour lui d'un grand secours dans la carrière qu'il avait embrassée.

Soudan possédait une bibliothèque de choix, et ses goûts l'avaient rendu bibliophile, comme le fut, avec moins de modération, l'illustre *Desgenettes*, avec lequel il eut, du reste, plus d'un point de contact. L'amour des livres les portait l'un et l'autre à rechercher les éditions les meilleures, et tous les deux trouvèrent des jouissances toujours nouvelles dans cette occupation. Un esprit vif et piquant, la direction même de leurs études, une concordance de goûts et de vues, la finesse et la causticité de leurs saillies, une mémoire à toute épreuve, avaient établi un rapprochement sympathique entre ces deux hommes, que leur âge et leur position semblaient devoir séparer. Il en résulta pour Soudan une amitié flatteuse, que Desgenettes lui conserva jusqu'à sa dernière heure, qu'il se plaisait à rappeler dans ses conversations, et qu'il manifesta par les témoignages de la plus intime confiance.

Elève de Desault, de Boyer, de Broussais et de Larrey, Soudan, avec le goût du travail qui lui était naturel, ne pouvait manquer de se distinguer dans les différentes parties de l'art de guérir.

Accueilli par Desgenettes à sa sortie des écoles, il entra, sous les auspices de cet homme célèbre, le 18 mars 1814, dans la carrière de la chirurgie militaire. Il débuta comme chirurgien sous-aide-major titulaire à l'hôpital du Val-de-Grâce, après être resté quelques mois sous les ordres des barons Barbier, Desgenettes et de Lodibert; il fut licencié sans traitement, puis requis le 24 juin 1815, pour être de nouveau mis en réforme peu de temps après.

Il ne redevint titulaire de son grade, au même hôpital,
que le 2 novembre 1816. Le 16 avril 1819 , il obtint la faveur qui précédait d'ordinaire la nomination à un grade
plus élevé , c'est-à-dire qu'il passa comme chirurgien
sous-aide à l'hôpital de la garde royale, dont le vénérable
baron Larrey, notre illustre maître, était, avant MM. Poir-
son, Baudens et Soudan, le chirurgien en chef, et où, toujours infatigable, il se reposait, pour ainsi dire, par de nou-
veaux travaux, de ses longues et glorieuses fatigues pendant les campagnes de la République et de l'Empire qui
venait de finir.

Il y avait à cette époque, dans le service de santé militaire, une mobilité dont on trouve la cause dans les évè-
nements politiques qui pesèrent de tout leur poids sur
l'armée. Les garanties que donna plus tard la loi du
17 mai 1834, sur l'état des officiers, n'existaient point
encore.

Le zèle que Soudan n'avait jamais cessé de montrer
dans l'accomplissement de ses devoirs comme officier de
santé militaire, et le second premier prix qu'il avait obtenu
à ce titre à l'hôpital du Val-de-Grâce, lui valurent la faveur d'être nommé d'emblée, et sans passer par la filière
des régiments, de chirurgien sous-aide à cet hôpital, chirurgien aide-major à l'hôpital d'instruction de Metz, sous
les ordres de M. Villaume , chirurgien en chef, premier
professeur, l'un de nos maîtres les plus recommandables
parmi ceux qui ont honoré la chirurgie militaire.

Ce fut pendant son séjour à Metz, que, mettant à profit
ses loisirs et ses succès récents, Soudan publia (1) une
excellente analyse du traité des maladies chirurgicales de

(1) T. V (page 373) et VII (page 307) du *Recueil des mémoires de
médecine, chirurgie et pharmacie militaires,* publié sous la surveil-

Boyer, dont les neuf volumes s'étaient trouvés, par une heureuse rencontre, au nombre des ouvrages qui lui avaient été décernés en prix au Val-de-Grâce.

La garde royale offrait alors, pour ceux que le sort y portait, des avantages de solde, de position et de considération qui étaient extrêmement recherchés. Les fonctions que Soudan avait exercées à l'hôpital de cette garde comme sous-aide, marquaient sa place avec avancement dans une des plus belles parties de ce corps d'élite ; il fut désigné, le 27 février 1821, pour le 1er régiment de grenadiers à cheval, que commandait M. de La Rochejaquelein, qui ne cessa, tant qu'il en fut le colonel, et même lorsqu'il devint général, de témoigner à Soudan l'estime et la confiance que sa conduite et sa rare capacité avaient su lui inspirer, ainsi qu'à tous les officiers et soldats placés sous ses ordres.

Après être resté deux ans chirurgien aide-major au 1er régiment de grenadiers, Soudan retourna avec le même grade, mais à titre d'avancement, à l'hôpital d'instruction du Val-de-Grâce, qui était alors sous l'habile direction de Broussais, de Gama, de Sérullas ; il quitta deux ans après cet hôpital pour aller remplir les fonctions de démonstrateur à celui de Lille, du 15 février 1825 au 4 décembre 1826.

Les services qu'il y rendit en contribuant puissamment à l'instruction des élèves de cet établissement, le firent nommer alors chirurgien-major démonstrateur au même hôpital ; il en sortit, le 2 mars 1831, pour se rendre à celui de Metz en qualité de chirurgien-major second professeur, et les cinq ans et demi qu'il passa dans ces deux

lance du conseil de santé des armées, et par ordre du Ministre de la guerre.

hôpitaux furent marqués par un zèle à toute épreuve et par les résultats les plus heureux.

La satisfaction de ses différents chefs, celle toute particulière de M. Villaume, dont les notes sont le plus bel éloge qu'on puisse faire, n'a pas cessé de l'accompagner dans la carrière de l'enseignement. Nous avons été assez favorisé pour avoir sous les yeux celles qu'il a méritées à différentes époques. Nous allons en transcrire quelques-unes avec leur expressive simplicité. Nous voyons qu'il a été signalé en 1831, comme : *étant connu avantageusement ; ses succès comme élève promettent ceux qu'il doit avoir comme professeur ; très-distingué en tous points. En 1832 et 1833, il conserve ses avantages ; est instruit ; sert bien ; professe de même. En 1834, il soutient sa bonne réputation ; ses connaissances sont solides ; il a le jugement droit, et il sert consciencieusement.* En 1835, à des notes de la même nature, il est ajouté : *Instruction étendue et variée ; capacité médicale et chirurgicale peu communes.*

Cinq ans après son arrivée à Metz, le mérite et les services de Soudan, toujours plus appréciés, lui valurent d'être nommé chirurgien-major-professeur à l'hôpital de perfectionnement du Val-de-Grâce ; ce fut alors que Desgenettes mourut, le 2 février 1837, à l'âge de 74 ans. Soudan avait assisté aux derniers moments de son bienfaiteur et de son ami ; personne n'avait plus de titres que lui pour être chargé par les professeurs du Val-de-Grâce de prononcer l'éloge de l'illustre médecin, à la séance solennelle de la distribution des prix du Val-de-Grâce (1). La manière dont il s'en acquitta suffirait pour témoigner de la facilité de Soudan, et pour augmenter le re-

(1) Voir le *Recueil des mémoires de médecine, chirurgie et pharmacie militaires*, T. XLIII, page 391.

gret qu'il n'ait pas confié au papier un plus grand nombre des inspirations de cette tête ardente ; il se fia trop à sa mémoire heureuse.

Aussi modeste qu'instruit, Soudan n'avait recherché jusque-là que les titres auxquels étaient attachés des travaux et des occupations profitables à l'humanité et à l'enseignement. Le 15 novembre 1839, par une juste récompense, il fut fait chevalier de la Légion-d'Honneur après vingt-six ans de service.

Trois ans et demi après son retour au Val-de-Grâce, il se rendit comme chirurgien en chef et premier professeur à l'hôpital d'instruction de Strasbourg, et peu après, pour la troisième fois, à Metz, où ses services théoriques et pratiques le firent élever au grade de principal, premier professeur, le 25 avril 1840.

Soudan était un de ces hommes qu'on savait toujours en état, toujours désireux de remplir toutes les missions qui demandaient du zèle, de l'activité, de l'intelligence ; aussi il ne resta pas longtemps à Metz, et il fut bientôt envoyé en Algérie, où notre glorieuse armée a mis si souvent à l'épreuve, depuis 1830, le zèle courageux et dévoué de nos collaborateurs. Il fallait un chirurgien habile, éprouvé, pour diriger le service important de nos hôpitaux et de nos ambulances ; qui mieux que Soudan méritait d'être choisi ! Il partit comme chirurgien en chef de l'armée, le 12 juillet 1840.

Les officiers de santé militaires venaient d'être divisés par classes, selon les grades. Soudan ne fit d'abord partie que de la deuxième ; mais on ne tarda pas à le nommer à la première. Il passa plus de deux années sur cette terre de feu, où ses constants travaux, sa dévorante activité et son dévouement infatigable pour le service, joints à l'influence du climat, lui firent contracter le germe d'une maladie qu'il n'aurait pas dû négliger, car, quoique un peu sceptique en médecine, il ne pouvait méconnaître l'affection chirurgicale dont il était menacé ; mais toujours empressé pour le plus humble de ses malades, il ne songeait pas qu'il était mortel comme eux, et sa santé ne l'arrêtait jamais qu'à la dernière extrémité. Cette insouciance, cette incurie devaient nous priver de son concours et de ses lumières à un âge où l'homme et surtout le médecin possèdent l'expérience, ce fruit du temps et du travail, à peu près le seul trésor qu'on puisse acquérir dans la carrière de la médecine militaire, qui est rarement celle de la fortune.

Soudan en est une preuve : il laisse une veuve et deux enfants presque sans fortune, après une carrière déjà bien remplie, et malgré ses talents et ses services !

Placé à son retour en France à la tête de l'hôpital du Gros-Caillou, où il retrouvait d'anciens souvenirs, il y rapporta sa sollicitude ordinaire pour les malades, son zèle toujours empressé, son activité infatigable. Qu'il me soit permis de rappeler ici les nombreuses occupations dont il fut chargé alors, et durant près de sept ans, outre celles de chirurgien d'hôpital, qui n'auraient été pour lui qu'un délassement. Il eut à remplir les fonctions de juré des longs et nombreux concours qui avaient lieu dans les hôpitaux pour l'avancement des élèves, des sous-aides du corps et pour le professorat ; venaient ensuite les missions des conseils de guerre, d'enquête et de révision, la visite trimestrielle des camps et des hôpitaux pour la réforme des malades de la division hors Paris, cantonnée, on le sait, près des fortifications d'enceinte ; puis les commissions scientifiques pour les prix d'hygiène, celles de la pharmacie centrale, et celles du magasin central des hôpitaux pour tous les besoins de l'armée ; enfin les tournées d'inspection générale qu'il a faites annuellement comme inspecteur-adjoint en France et en Afrique, et où nul plus que lui ne montra d'aptitude, d'ardeur et d'assiduité. Soudan suffisait à tout, sans que jamais une plainte, un murmure, un signe de mécontentement témoignassent de sa lassitude ; il ne se faisait jamais suppléer que lorsqu'il était appelé pour deux services à la même heure, et qu'il lui était physiquement impossible de remplir les deux missions. Ses visites d'hôpital, le matin et le soir, n'ont jamais souffert de cet abus d'un cumul obligé : il trouvait du temps pour tout.

Celui qui, pendant trente-cinq ans, a fait preuve d'un si noble dévouement, d'une science si éclairée, d'une abnégation si complète, ne méritait-il pas bien la dernière et tardive récompense qui lui fut donnée ? Je veux parler de la croix d'officier de la Légion-d'Honneur que M. l'intendant qui était placé alors à la tête de la première division militaire (1), obtint pour lui, le 24 octobre 1848, et qu'accompagnèrent les félicitations sincères de ses supérieurs et l'approbation de tous ses collègues.

La redoutable et dernière épidémie de *choléra-morbus*, à laquelle il ne devait pas succomber, lorsque tant de nos collègues en ont été victimes, trouva Soudan encore debout au poste d'honneur ; il ne le quittait que pour chercher dans un peu de repos quelque relâche au mal qui le minait, et qui, malgré les sollicitations pressantes de ses amis et de sa famille, ne pouvait pas modérer son dévouement.

______

(1) M. Melcion-d'Arc, dont la retraite prématurée a été si regrettable pour l'armée.

Ici s'arrêtent ses services et ses titres à la reconnaissance publique : il a laissé très-peu de travaux. Serait-ce que, praticien habile, il fût moins bon écrivain ? On ne peut pas le supposer quand on songe à ses vastes connaissances, à son désir ardent de s'instruire, à l'esprit fin et mordant, parfois jusqu'à la satire, qui le caractérisait, à l'expérience pratique qu'il avait acquise durant trente-cinq ans dans les grands hôpitaux, et enfin au style, qui faisait de sa correspondance et de ses rapports des modèles de précision, de clarté, d'exactitude, de logique serrée et de pureté classique. Ceux qui, comme nous, l'ont connu particulièrement, seront portés à penser que la même modestie qui l'a empêché d'appartenir à aucune société scientifique, lui a fait regarder comme inutile de rechercher de vains titres à la faveur de ses contemporains.

Il ne croyait pas devoir augmenter le nombre de tant d'ouvrages médiocres, qui d'ordinaire profitent plus à celui qui les exploite qu'à ceux qui les lisent. Ce qui est souvent vrai du commun des écrivains, ne l'eût pas été d'un homme qui était si bien en état d'écrire des choses nouvelles et solides ! Il ne l'a pas voulu par un scrupule exagéré, ou par une timidité excessive, et qui, je dois le dire, dans le monde, qu'il aimait peu parce qu'il le jugeait bien, lui ôtait une partie de cette assurance qui sied à l'homme, au médecin ; mais il la retrouvait aussitôt qu'il était auprès d'un malade, ou lorsque son indignation justement irritée par des intrigues qu'il détestait, lui ôtait son calme et sa bonhomie habituels. Il s'emportait surtout, jusqu'à l'exaltation, contre les charlatans éhontés que notre siècle, plus qu'un autre, a le privilège de produire ; une injustice, une prétention illégitime , une intrigue ourdie par l'ambition, le révoltaient autant et plus que s'il en eût été la victime.

Aimable, enjoué même, le commerce de Soudan était doux et facile ; bon jusqu'à la faiblesse, sa vie était simple et modeste , son régime des plus sages, et ses besoins presque nuls. Il lisait beaucoup, mais jamais de ces productions futiles, de ces publications du jour, qui ne laissent après elles que le regret du temps perdu. Peu éloquent, mais conteur agréable, on aimait à entendre sa conversation. Néanmoins, en redisant ici sans flatterie ses hautes qualités, je lui dois aussi la vérité tout entière, et je confesse que quelqu'un qui ne le connaissait pas bien aurait pu croire parfois à une certaine méchanceté de langage de sa part; il sacrifiait beaucoup trop au désir de jeter une épigramme ; il a dû souvent ainsi froisser l'amour-propre si chatouilleux des hommes, et les indisposer même contre lui ; mais honnête homme , d'une probité sévère qui n'a jamais été mise en doute par tous ceux qui l'ont connu, Soudan était incapable dans le fond de nuire sciemment à ceux qu'il estimait le moins. On peut encore ajouter qu'il était humain, obligeant, ami sûr , dévoué, et toujours prêt à se rendre utile. Ce qui prouve mieux que tout le reste son bon cœur , c'est la tendresse et le dévouement dont il n'a cessé d'entourer sa vieille et respectable mère, qui ne lui a survécu que le temps nécessaire pour préparer sa tombe à côté de la sienne.

Un mot qui décèle à la fois l'esprit de celui qui le prononçait et l'opinion qu'il avait de la causticité de Soudan, peut trouver place ici : « Soudan, ménagez-moi ! » lui disait un de ses collègues, en cessant d'être son collaborateur à l'hôpital du Gros-Caillou ; il y avait tout une page dans cette parole, prononcée avec une piquante bonhomie. Soudan l'accueillit sans mot dire ; le sourire de ses lèvres répondit pour lui, et je peux affirmer ici que jamais, depuis ce jour, il ne lui arriva d'exercer sa verve satirique sur celui qui, par un mot dont le sens était si éloquent, avait modifié un penchant irrésistible, dont au surplus il n'avait rien à redouter.

Je ne dois pas terminer cette notice sans parler du dernier acte de Soudan, acte en tout conforme aux principes de sa vie, et qui résume à lui seul tout ce qu'il y avait dans son ame honnête d'amour de l'ordre et de la justice.

Avant de se rendre à Thorigny, près Lagny (Seine-et-Marne), où ses amis lui avaient conseillé d'aller rétablir sa santé profondément altérée, il voulut, quoique très-affaibli, remplir encore ses devoirs de citoyen ; il quitta son lit de douleur pour se rendre à la mairie et retirer sa carte d'électeur ; on le vit revenir, se soutenant à peine, et je ne pus m'empêcher de lui exprimer mes regrets de son imprudence ; il ne voulait pas, disait-il, partir sans avoir protesté de sa faible voix contre les inepties d'un Gouvernement anarchique que réprouvait sa loyauté. Si sa dernière pensée était pour son pays, il n'oubliait pas néanmoins les livres, ses compagnons chéris, ses amis de tous les moments. Ce jour-là même, il tenait sous son bras un volume qu'il venait de retirer de chez son libraire. Cependant le moment de l'élection était proche, il s'y rendit, et déposa son vote dans l'urne. Il consentit alors seulement à quitter Paris qu'il ne devait plus revoir.

A peine fut-il arrivé à Thorigny, que, soit le déplacement, soit la satisfaction et l'espoir qu'il put concevoir pour sa guérison, il éprouva un mieux de bon augure. Ce mieux ne se soutint pas ; la maladie fit de rapides progrès, et il expira, le 18 mai 1849, à l'âge de cinquante-deux ans révolus. Six semaines après, sa mère prenait place près de celui qui avait été constamment pour elle un modèle de dévouement et de soins affectueux ; il semblait qu'elle n'avait prolongé son existence que pour son fils, et qu'une fois perdu pour elle, rien ne la retenait plus sur la terre, où sa vie d'ailleurs n'avait été qu'une suite de souffrances.

Aucun des collègues de Soudan ne put être prévenu à temps pour assister à ses funérailles et lui rendre les derniers devoirs. J'ai voulu, autant qu'il a été en moi, remédier à ce que leur absence forcée a eu de fâcheux, en esquissant rapidement la vie de ce regrettable chirurgien, qui paraissait devoir servir longtemps encore, et contribuer fortement à soutenir l'éclat de la médecine militaire, à laquelle il s'était toujours montré si fier d'appartenir.

Honneur à ton nom !... Paix à ta cendre, Soudan !... Tu vivras dans le souvenir de tes camarades, de tes amis, et ceux qui nous succèderont te verront avec satisfaction revivre dans l'héritier de ton nom, dans celui qui doit combler le vide que tu laisses parmi nous !!!...

IMPRIMÉ PAR HENRI ET CHARLES NOBLET,
RUE SAINT-DOMINIQUE, 56.

OUVRAGES

DE M. LE DOCTEUR AULAGNIER.

ESSAI sur la santé des gens de lettres, un vol. in 8° (1827).

RAPPORT du conseil de santé des armées, sur le Lazaret de Marseille (1831).

MÉMOIRE sur l'hæmopis vorax (1839).

REPONSE à M. le Docteur C...... sur les Eaux thermales de Bourbonne-les-Bains (1841).

NOTICE sur la vie et les travaux d'Aulagnier père (1842).

MÉMOIRE sur l'emploi de la pommade de goudron dans les maladies de la peau (1842).

COLLABORATEUR du Dictionnaire des substances alimentaires, etc. (1830).

Imprimé par Henri et Charles NOBLET, rue Saint-Dominique, 56.